CIP-Titelaufnahme der Deutschen Bibliothek

Riha, Susanne:
Wir tragen noch das Kinderkleid / Susanne Riha. – Wien;
München: Betz, 1990
ISBN 3-219-455-X
NE: HST

B 544/1
Fachliche Beratung: Christiane Mayer-Mixner
Copyright © 1990 by Annette Betz Verlag
im Verlag Carl Ueberreuter, Wien - München
Printed in Belgium

SUSANNE RIHA

Wir tragen noch das Kinderkleid

ANNETTE BETZ VERLAG

STEINADLER

Langsam geht die Sonne hinter den Berggipfeln unter. Den ganzen Frühlingstag über hat sie heute geschienen, und auf den Wiesen ist der Schnee zusammengeschmolzen.

Im Adlerhorst, hoch oben auf einem Felsvorsprung, sitzt ein weißgefiedertes Junges.

Vor ein paar Wochen hat die Mutter den alten Horst mit dicken Ästen aufgestockt. Dann hat sie ein großes, braungesprenkeltes Ei gelegt und zu brüten begonnen, so lange, bis aus dem Ei das Junge ausgeschlüpft ist.

Nun muß das Kleine in seinem dünnen Daunenkleid geschützt und gewärmt werden. Natürlich braucht es auch Futter.

Um die Nahrung für Mutter und Kind kümmert sich jetzt der Vater. Mit »Adleraugen« hält er Ausschau nach Murmeltieren, Hasen und Schneehühnern. Lautlos zieht er hoch oben seine Kreise, um dann plötzlich auf die Beute herunterzustürzen. Im Nest zerkleinert die Mutter die Nahrung und schiebt sie dem Kleinen in den Schnabel.

Von Tag zu Tag wird das Junge größer und kräftiger. Das Daunenkleid wird langsam durch richtige Adlerfedern ersetzt. Auch Schnabel und Krallen wachsen und werden schärfer.

Vater und Mutter verlassen nun wieder beide das Nest. Das Junge hüpft aufgeregt im Horst auf und ab. Es schlägt mit den Flügeln. Es unternimmt die ersten Kurzflüge. Und schließlich sind die Kindertage vorbei: ein junger, braungefiederter Adler erhebt sich in die Lüfte.

Größe: rund 90 cm
Gewicht: rund 5 kg
Flügelspannweite: 2,30 m
Lebenszeit: 20 Jahre
Nahrung: Murmeltiere, Schneehasen,
Alpenschneehühner, tote Tiere

FEUERSALAMANDER

Im feuchten Unterholz ist heute abend ein Feuersalamander an Land gekrochen. Mehrere Wochen lang hat er als Larve im Wasser des Baches gelebt.

Die winzige Feuersalamanderlarve hat zuerst nur ein Ruderschwänzchen gehabt und ein Paar dichter Büschelkiemen, zum Atmen unter Wasser. Sie ist größer und größer geworden und hat Beine bekommen. Kiemen und Ruderschwanz haben sich zurückgebildet. Aus der grünbraunen Larve ist ein schwarzer Feuersalamander mit gelben Punkten geworden: Ein Wassertier hat sich in einen Landbewohner verwandelt.

Jetzt gleitet der Feuersalamander langsam über den Waldboden. Er stemmt seinen Oberkörper in die Höhe, er schlüpft unter den tropfenden Efeublättern durch, er kriecht unter Wurzeln und Steine. Er ist hungrig und sucht nach Schnecken und Regenwürmern. Bis in die Morgenstunden ist er unterwegs. Seine gelben Flecken sind weithin sichtbar. Denn der Feuersalamander trägt ein »Warnkleid«. Es warnt seine Feinde vor der brennenden Flüssigkeit, die seine Haut absondert.

Länge: 20 cm
Gewicht: 100 g
Lebenszeit: bis zu 30 Jahren
Nahrung: Regenwürmer, Schnecken

MARIENKÄFER

Die Wiesen werden bunt und beginnen zu duften. Die ersten Schmetterlinge flattern darüber, und auch für die beiden Marienkäfer ist der Winter zu Ende. In einer Baumritze, dicht zusammengedrängt mit vielen anderen Marienkäfern, sind die beiden kältestarr gewesen und haben so die lange Zeit ohne Nahrung überstanden.

Jetzt lassen sich die Marienkäfer vom Wind hinüber zur Heckenrose tragen, denn die Heckenrose ist voll von Blattläusen. Bis zu vierzig Blattläuse kann ein Marienkäfer im Tag fressen.

Vielleicht wird das Weibchen den warmen Frühlingstag dazu benützen, um Eier abzulegen: auf die Unterseite eines Blattes, auf die Stengel der Heckenrose oder ganz einfach auf den Boden.

Nach zehn Tagen werden dann kleine, gelbliche Larven ausschlüpfen. Vier Wochen lang werden auch die Larven die Pflanzen nach Blattläusen absuchen und dabei viermal soviel wie die fertigen Marienkäfer fressen. Viermal werden sich die Larven in dieser Zeit häuten. Und schließlich wird sich jede Larve an einem Pflanzenstiel »festspinnen« und zur »Puppe« erstarren. Nach sechs Tagen ist es endlich soweit: ein junger Marienkäfer schlüpft aus, mit leuchtendroten Deckflügeln und sieben schwarzen Punkten darauf.

Auch ihn trägt der Wind gleich fort, hinüber zum Teich. Aber der Wasserfrosch schnappt nicht nach ihm. Er weiß, wie viele andere Tiere auch, daß der Marienkäfer nicht gut schmeckt. Nur die Schwalbe ist gefährlich. Ihr scheint der schlechte Geschmack des Marienkäferblutes nichts auszumachen.

Größe: rund ½ cm
Lebenszeit: 2 Jahre
Nahrung: Blattläuse

HÖCKERSCHWAN

Es ist zeitig in der Früh, und die vier kleinen Schwäne machen mit ihren
Eltern einen Ausflug über den Teich.
Noch vor vier Wochen ist Mutter Schwan in ihrem Nest im Schilf gesessen
und hat gebrütet. Sie ist nur aufgestanden, um ein paar Wasserpflanzen zu
fressen und um die Eier mit dem Schnabel umzudrehen.
Dann, an einem warmen sonnigen Abend, sind die jungen Schwäne geschlüpft.
Mutter Schwan hat sie noch gewärmt, bis ihr graues Daunenkleid trocken und
wasserfest geworden war.
Kleine Schwäne können vom ersten Tag an laufen und schwimmen. Wenn sie
müde sind, trägt sie die Mutter im Gefieder mit.
Vater Schwan gibt auf seine Familie acht. Bei Gefahr faucht und zischt er,
sträubt sein Gefieder und schlägt wild mit den Flügeln.
Die kleinen Schwäne werden rasch größer, und ihr Aussehen verändert sich:
der Hals wird lang, und das Federkleid wird langsam weiß. Der dunkle
Schnabel wird orangerot und bekommt einen schwarzen Höcker.
Im Herbst fliegen die Jungen schon hinter ihren Eltern nach.

Größe: 1 m
Gewicht: bis zu 20 kg
Flügelspannweite: 2,5 m
Lebenszeit: 15 Jahre
Nahrung: Wasserpflanzen

MAIKÄFER

Es ist Mai geworden, und am Abend beginnen die ersten Maikäfer auszuschwärmen. Sie fliegen über den Teich zum alten Birnbaum hinüber. Gierig machen sie sich über Blüten und Blätter des alten Obstbaumes her. Vor vier Jahren hat ein Maikäferweibchen seine Eier in einer Erdmulde abgelegt. Sechs Wochen später sind daraus winzige Larven, sogenannte Engerlinge, geschlüpft, die wie häßliche, kleine Würmer aussahen.
Die Engerlinge haben sich tiefer und tiefer in den Boden eingegraben. Drei Jahre hat diese Zeit unter der Erde gedauert. Alle möglichen Wurzeln haben die Engerlinge angeknabbert und so auf Feldern und Gemüsebeeten größeren Schaden angerichtet als jetzt die erwachsenen Käfer auf den Bäumen.
Schließlich, im vierten Jahr, haben sich die Engerlinge in »Puppen« verwandelt. Aus den »Puppen« sind blasse, junge Käfer ausgeschlüpft. Bis zum nächsten Frühling sind die Käfer noch unter der Erde geblieben.
Nun sind sie aus ihren Erdlöchern gekrabbelt und haben mit ihrem Flug begonnen.

Größe: 2–3 cm
Lebenszeit: 5–6 Jahre
Nahrung: Wurzeln, Blätter und Blütenblätter
von Laubbäumen

LUCHS

Heute ist eine klare Vollmondnacht, und Mutter Luchs ist mit ihrem Jungen unterwegs. Lautlos schleichen die beiden über Stock und Stein. Sie klettern auf einen flachen Felsbrocken und spähen in die Dunkelheit.

Mutter Luchs hat ein Fell mit vielen dunklen Flecken. Ihre Ohrspitzen tragen lange, schwarze Haarpinsel, und auch ihr kurzer Schwanz ist am Ende schwarz.

Der Luchs ist eine gefährliche Raubkatze, die Beutetiere bis zu hundert Meter weit erspähen kann.

Der kleine Luchs sieht fast wie eine junge Hauskatze aus. Und er benimmt sich auch genauso verspielt: Kaum hat sich Mutter Luchs ein bißchen hingelegt und die Augen geschlossen, geht der Kleine auf Entdeckungsreise. Immer wieder läuft er um den dicken Baum herum – bis er plötzlich stutzt: eine Maus! Geschickt schleicht sich der kleine Luchs an. Sekunden später hat er die Maus gepackt.

Langsam wird es hell, und die Mutter erhebt sich. Brav trottet der kleine Luchs wieder hinter ihr her.

Aber wohin will die Mutter jetzt? Doch nicht auf die andere Seite des Flusses! Dem kleinen Luchs sträubt sich das Fell. Aber da ist die Mutter auch schon im Wasser und schwimmt los.

Größe: 1,20 m
Gewicht: 20 kg
Lebenszeit: bis zu 17 Jahre
Nahrung: Rehjunge, Hasen, kleine Säugetiere,
Vögel

KÖNIGSLIBELLE

Das Wasser des Teiches glitzert hell, und kein Lüftchen regt sich. Nur der Storch sucht im Schlamm nach Fröschen. Zwei Libellen surren durch den Schilfgürtel.

Die beiden Königslibellen bewegen sich wie zwei winzige Hubschrauber. Sie bleiben in der Luft stehen, sinken tiefer, steigen wieder gerade in die Höhe oder fliegen einfach ein Stück rückwärts. Denn sie können jeden Flügel einzeln bewegen. Nur kurz machen sie Rast auf einer Sumpfdotterblume oder auf einem Blatt der Seerose.

Ungefähr vor einem Jahr hat ein Libellenweibchen seine Eier auf einem Schilfhalm unter Wasser abgelegt. Aus diesen Eiern sind kleine Larven ausgeschlüpft. Sie haben sich im Wasser versteckt gehalten und auf Beute gelauert.

Jede der Libellenlarven hat eine »Fangmaske«, die sie unter dem Kopf hervorklappen kann. Damit fängt sie blitzschnell Kaulquappen und kleine Fische. Während dieser Zeit häuten sich die Larven immer wieder. Vor der letzten Häutung kriechen sie an den Schilfhalmen aus dem Wasser. Ihr Körper stellt sich von Kiemenatmung auf Luftatmung um. Und aus der borstigen Larvenhaut schlüpfen schillernde blaue Insekten mit zarten durchsichtigen Flügeln.

Größe: 6 cm
Flügelspannweite: 11 cm
Lebenszeit: 1 Jahr
Nahrung: Insekten (Nahrung der Larven:
Insekten, Kaulquappen, kleine Fische)

SCHWALBENSCHWANZ

Es ist Hochsommer, und viele Tiere haben sich vor der großen Hitze untertags verkrochen. Auf der Wiese aber, zwischen Gräsern und wilden Möhren, schlüpfen zwei Schmetterlinge aus ihren Puppenhüllen.

Im Frühling sind die beiden Schwalbenschwänze noch zwei schwarze Raupen gewesen. Sie haben sich vom Kraut der wilden Möhren ernährt. Dabei sind sie immer dicker geworden, und ihr Aussehen hat sich verändert. Sie waren nun grün-schwarz gestreift und hatten acht rote Punkte auf jedem schwarzen Ring. Um ihre Feinde abzuschrecken, konnten sie zwei rote Hörnchen am Kopfende ausfahren.

Eines Tages hat sich jede der Raupen mit einem Faden an einem Halm »festgebunden« und ist zur »Puppe« erstarrt.

Nach zwei Wochen platzt die Puppenhülle, und ein schwarz-gelber Schmetterling kriecht heraus.

Langsam klappt der Schwalbenschwanz seine Flügel auf und läßt sie trocknen. Er bewegt sie immer schneller auf und ab, und schließlich ist er startbereit. Er fliegt von Blume zu Blume. Heckenbraunelle und Schwarzkehlchen recken neugierig die Köpfe.

Noch vor dem Herbst werden neue Schwalbenschwanzraupen schlüpfen. Diese Generation wird als Puppe den Winter überstehen. Und schon im Frühjahr wird es neue schwarz-gelbe Falter geben.

Größe: 3,5 cm
Spannweite: 6 cm
Lebenszeit: (Raupe bis Schmetterling) 6 Monate
Nahrung: Blütennektar

ROTHIRSCH

Langsam geht der Sommer zu Ende, und in der Nacht ist es bereits ziemlich kühl.

Ein Rudel Hirschkühe und -kälber verläßt in der Dunkelheit den Wald und sucht auf der Wiese nach frischen Kräutern. Eines der Hirschkälber ist erst drei Monate alt und trägt noch das weißgefleckte Kinderkleid.

An einem gutgeschützten Platz im Wald ist es im Frühling auf die Welt gekommen. Und obwohl es bereits nach einer Viertelstunde stehen konnte, ist es in den ersten Tagen kaum gelaufen. Sein geflecktes Fell hat ihm in dieser Zeit als Tarnung gedient. Bei Gefahr hat sich das Neugeborene auf den Boden geduckt. Die Mutter, die Hirschkuh, ist nicht die ganze Zeit bei ihrem Kind geblieben. Denn durch ihre Anwesenheit hätte sie Füchse oder andere Feinde auf das Kleine aufmerksam gemacht. Nur zum Säugen ist sie ihrem Kälbchen entgegengegangen, um gleich darauf wieder zu dem Rudel der anderen Hirschkühe und größeren Kälber zurückzukehren.

Aber jetzt läuft das Hirschkalb schon mit der Mutter im Rudel mit. Die hellen Flecken auf seinem Fell werden immer blasser. Im Herbst werden sie ganz verschwunden sein. Ein Jahr später wird der junge Hirsch schon ein Geweih haben. Aber es werden noch weitere fünf Jahre vergehen, bis er ein mächtiges zwölfendiges Geweih tragen wird.

Größe: 2,5 m
Schulterhöhe: 1,5 m
Gewicht: 200 kg
Lebenszeit: 20 Jahre
Nahrung: Pflanzen (Kräuter, Gräser, zarte Triebe), Rinde

STOCKENTE

Es ist Herbst geworden. Die beiden Stockenten sind unzertrennlich. Sie schwimmen nebeneinander, sie unternehmen gemeinsame Flüge, und im Winter werden sie gemeinsam über den zugefrorenen Teich watscheln.
Im zeitigen Frühjahr aber wird der Erpel das Weibchen verlassen.
Die Ente wird am Teichufer eine Mulde mit Daunen aus dem eigenen Gefieder und mit feinen Halmen auspolstern. In dieses Nest wird sie ihre Eier legen und zu brüten beginnen. Nur zum Fressen wird sie es kurz verlassen und für diese Zeit die Eier mit warmen Daunen zudecken.
Und schließlich, eines Tages im März, durchbrechen die Entenküken die Eierschalen. Sie schlüpfen unter der Ente hin und her, damit ihr weiches Daunenkleid gut mit dem Pürzelfett der Mutter eingecremt wird. Erst jetzt sind die Kleinen »wasserfest«, und die Mutter kann sie zum Teich hinunterführen.
Trotzdem muß die Ente gut auf ihren Nachwuchs aufpassen. Bei jedem größeren Vogel, der den Teich überfliegt, hebt sie den Kopf und quakt laut. Es könnte ja ein Raubvogel sein. Die Kleinen haben sofort verstanden und verschwinden kopfüber im Wasser.
Im Herbst sind die jungen Enten erwachsen. Zwei von ihnen tragen jetzt das gleiche braungesprenkelte Gefieder der Mutter. Die beiden anderen sind genauso bunt wie der Vater.

Größe: 60 cm
Gewicht: 1 kg
Lebenszeit: 10 Jahre
Nahrung: Getreidekörner, frische Triebe,
Knospen, Grassamen, Würmer, Mückenlarven,
Schnecken

FELDSPITZMAUS

Es raschelt im herbstlichen Laub: Mutter Spitzmaus führt ihre Kinder am Feldrand entlang. Jedes der Mäuslein hält sich dabei am Schwanzende der »Vordermaus« fest.

Denn in der letzten Nacht war eine Schleiereule in die Nähe ihres alten Laubnestes gekommen.

Heute in der Dämmerung hat die Spitzmaus nach einer neuen Wohnung Ausschau gehalten. Unter jeden Busch, in jeden Laubhaufen ist die Spitzmaus bei ihrer Suche gekrochen. Dabei hat sie gleich ein paar Regenwürmer aus der Erde gezogen und eine Schnecke gefangen.

Endlich hat sie ein Versteck für sich und ihre Kinder gefunden: einen leerstehenden Hamsterbau am Feldrand. Jetzt, in der Dunkelheit, führt sie ihre Kinder aus dem Wald heraus.

Die kleinen Spitzmäuse sind zwar noch klein, aber sie tragen bereits das gleiche graubraune Fell wie die Mutter. Sie haben genauso wie sie ein weißes Bäuchlein und einen leicht behaarten Schwanz.

Nach der Geburt sind die kleinen Spitzmäuse noch ganz nackt gewesen und konnten elf Tage lang nicht sehen. Sie sind im Nest gelegen und wurden von der Mutter gesäugt.

Jetzt steht der Winter vor der Tür, und die kleinen Spitzmäuse werden bald so groß sein wie die Mutter.

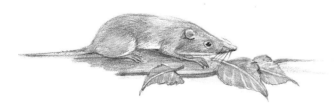

Größe: 7 cm
Gewicht: 10 g
Lebenszeit: 2 Jahre
Nahrung: Insekten, Larven, Regenwürmer,
Schnecken, Sonnenblumenkerne

FICHTENKREUZSCHNABEL

Es ist Winter geworden. Die Laubbäume sind kahl. Aber auf den
Nadelbäumen reifen jetzt die Samen in den Zapfen.
Im Fichtenwald hat sich ein Schwarm Fichtenkreuzschnäbel niedergelassen.
Der Fichtenkreuzschnabel lebt von den Samen der Nadelbäume. Er ist ein
ausgezeichneter Kletterer und kann sich sogar an einem herunterhängenden
Zapfen festhalten. Mit seinem gekreuzten Schnabel bricht er die Schuppen der
Zapfen auf und kommt so an die Samen heran.
Unter den herunterhängenden Zweigen einer Fichte baut ein grüngefiedertes
Weibchen sein Nest, außen aus Reisig, Moos und Flechten, innen aus feinen
Halmen und Federn. Dann legt es drei dunkelrot gefleckte Eier. Während der
Brutzeit bringt das rotgefiederte Männchen dem Weibchen die Fichtensamen
ans Nest.
Der kleine Fichtenkreuzschnabel ist anfangs dunkelgrau und hat einen geraden
Schnabel. Aber das ändert sich bald. Er bekommt zuerst ein grünbraunes
Deckgefieder und ein gestreiftes Bäuchlein. Sein Schnabel beginnt sich zu
krümmen. Bis zum Ende des Winters wird der junge Fichtenkreuzschnabel
auch dieses Kleid abgelegt haben und entweder grüngefiedert wie die Mutter
oder leuchtend rot wie der Vater sein.

Größe: 16,5 cm
Gewicht: 150 g
Lebenszeit: bis zu 8 Jahren
Nahrung: Samen der Fichten-, Kiefer-
und Tannenzapfen